귀연貴緣

 기획시선 48

문정희文丁姬의 사랑의 시

고요아침

시인의 말

나는 보았다
조그만 풀잎이
봄 햇살에 반사되어
눈을 깜빡거리고 있는 것을

2009년 봄·목동 작업실에서
文丁姬

5 | 시인의 말

참 맑은 하늘이다

13 | 그래도 네가 그립다
14 | 빗물에 젖은 꽃봉오리
15 | 애증愛憎
16 | 산 까치
18 | 손꼽 친구 숙淑
20 | 아버지의 빛바랜 편지
22 | 담쟁이
23 | 씨앗
24 | 산 마을 빈 집
26 | 역설

왜 자꾸만 그리움이 생길까

괄호 | 29
치매해도 그 여자는 단단하다 | 30
달맞이꽃 | 32
이집트 카이로 박물관 | 33
거꾸로 매달린 마른 장미에게 | 34
Love like a heater | 35
사루비아 | 36
세월 | 37
뿌리 | 38
들꽃 피는 집 | 39

흠뻑 젖고 싶다

라흐마니노프의 선율 | 43
길거리에 쓰러진 야생초 | 44
허무하다는 말 | 46
서울 별 | 48
동안거 | 50
민들레 환생 | 51
연두 빛 브롯치 | 52
코스모스 | 54
사막의 화음 | 56
스며들기 | 57

새록새록 떠올라서

61 | 물음
62 | 들국화의 연가
64 | 그냥 통화하고 싶었습니다
65 | 산
66 | 화갑 축시
68 | 홍시와 아버지
70 | 옥잠화
72 | 초록 목도리

나무와 풀의 웃음소리

75 | 폭포
76 | 쑥 풀 환생
78 | 통유리
79 | 인사동 찻집
80 | 겨울 수선화3
82 | 만해 시를 읽으며
84 | 한가위 달
86 | 연두 빛 축포

등 푸른 사랑

가슴 설레게 하는 것, 넷 | 89
묵은 인연이 좋다 | 90
엄마가 된 후 어머니에게 | 92
겨울 잔디 | 94
생선 파는 소년 | 96
기억해야 할 것 | 98
어느 휴가 | 99
산길을 걸으라 | 100
부처님 오신 날 | 102

■해설 / 이지엽
작고 낮은 아름다움, 그 직관의 미학 | 105

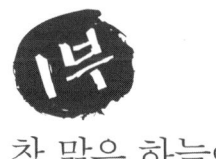

참 맑은 하늘이다

그래도 네가 그립다

보고 싶을 때
목구멍으로 눈물 꿀꺽 삼키고
저릿저릿 아파하다가
오늘 시 그릇에 널 담았다

세월을 콱 깨물어도
좀체 안 떨어져서
통 채로 비우면
다 지워진다는 건 순전히 거짓말

정말로 널 떨어뜨렸다면
찬 겨울날
아궁이에 불 피워 놓고
가슴 뜨끈하게 버틸 수 있겠느냐고

이 어마어마한 중력

빗물에 젖은 꽃봉오리

바람 때문에 우니?

구름 때문에 우니?

아, 그렇구나!

빗방울이
잠자는 널 살포시 깨워
고마워서 울지?

애증 愛憎

넘어지고 금가도
당신과의 인연은 무우 잎처럼
툭 쳐내서 해결하는
얄팍한 게 아니라는 생각에 동의했습니다

눈 딱 감고
지우기도 싫고

산 까치

새야!
하늘아래
고기 국 한 사발 못 먹어도
낯모르는 객客에게
갓 길어온 우물로
목축여주는 곳 있더냐

겸손한 가슴으로 휘휘 책장 풀면서
시 읽는 낭랑한 소리
아파트 뒷 창으로
새어 나오는 곳 있더냐

바쁘게 이동하는 시간 미루어 놓고
특별한 이유 없이
네 이야기에
조용히 귀 기울이고 있던 자 있더냐

새야
새야
단칸방 오두막이어도
풀밭아래 네 집이 좋지

깔깔대는 6월이
너더러
산수유 술이 놓인 식탁에 앉으란다

손꼽 친구 숙淑

부모님 안 계셔도
기차 길 안 보이는
섬에 묻혀 살아도
난 웃을 때
덧니 보이는 네가 참 좋더라

너와 만날 때는
조심스럽게
예의 갖추지 않아도 되고
앉은 품새 허리 세워
꼿꼿하지 않아도 되고
두 손 모아 감사할 일도 없고

누가 잘해도
잘못해도
우리 사이는 깨어지지도 않아

너도
우리 어머니처럼
엄청나게
가슴이 따끈한가 봐

아버지의 빛바랜 편지

하늘처럼 훤하고
산처럼 늠름한 아이 낳아
잘 키우거라

온몸 들쑤실 때는
허기진 채 눕지 말고
얼굴색 돋아나게
밥 한 끼쯤 질탕하게 사 먹거라

예금통장 잔고 비벼
주소 없는 봉함엽서에
만원 다섯 장
둥글게 꽂혀 놓으신 당신

이 온기
긴 세월 손마디 마디에 번져
당신을 기억하는 순간

서늘한 가을바람처럼
살랑 살랑 가슴이 뜁니다

담쟁이

신神도 이런 자존심은 없으리라
천연덕스런 산악인도 아니고

그 차가운 벼랑
불평 한마디 없이
정상을 향해 돌진하다니

생명보험 통장 하나 없이
이렇게 천년의 세월
야성의 혼 울릴 수 있느냐

씨앗

참 이상하지!
너를 보고 오는 날엔
공허하다고 뱉어낸 말
다시 주워 담고 싶어지니 말이야

산 마을 빈 집

나무 숲 그득하여
새는 모이는데
애들 데리고
다 어디로 떠났는지

나폴거리는
융단 옷자락에 홀려
어머님 닮은
논 뚝 길
야속하게 버렸구나

구름도 이 땅이 좋아
산등성이에 걸터앉아
쉬고 가는데

여보세요!

모쪼록 가슴은
고향 끌어안고
탱자 꽃 즐비한 삶 가꾸세요

역설

늘어진 시간
당당하게 깨고

밥그릇
달그락 거리는 소리
부드럽게 잠재우지 말아

좋은 밤새 울도록
수 백 번 두들기고

왜 자꾸만 그리움이 생길까

괄호

안으로
울타리 치고 살아
답답하다 하겠지만
그래도 우리끼리
마음 읽을 수 있어
참 행복해

얽히고 설키어도
삶은 원래 구체적인지라
어딘가 닮은 사람끼리
속으로 꼭 끌어안고 사는 것도
새콤한 일 아닌가요

치매해도 그 여자는 단단하다

네가 누구더라?
통 기억에 없다

아무런 대책 없는 한 줄 토막말
금세 가슴에 물살을 일으킨다

시인은 바로 어머니였대요
가슴 열어 붉은 추억
건져내지 못해도
얼기설기 얽은 세상 소음
싹둑싹둑 걷어낸 놀라운 정신

입소문내지 말자
90년 먼지 속의 길
옷고름으로 말갛게 닦으며 살았던 여자
엉겅퀴처럼 한 평생
몸에 가시 지니고 살았던 단단했던 여자

풀벌레 소리 하나 가슴에 품고
겁 없이 시 짓는 일
솔직히 부끄러운 일이다

달맞이꽃

깻잎 같은 촘촘한 사랑 벗겨져
더 이상 그리워지지 않을 것 같아
그냥 이쯤에서 돌아서겠다고 못 박았습니다
그 순간 달빛이 이슬 같은 미소 지으며
방긋 웃었습니다

고개 들어 달이나 보게!

이집트 카이로 박물관

이집트 카이로 박물관이
황홀하다 해서 갔더니
거대한 진열장 보다
낯선 미이라의
헐벗은 풍경이 더 좋아
삶은 절대 가여운 것이 아니다

수 천 년의 세월 등지고도
아직도 운명에 대해 말을 하려고
지상의 나그네
다 불러들이고 있지 않으냐

삶은 여운이니까
놀랄 필요는 없다

거꾸로 매달린 마른 장미에게

5월 해시계 아래서
해맑게 웃으며
시 한편 읽어준 적 있었지?

언젠가 내 손목 붙들고
사랑에 빠진 사람보다
더 발그레한 모습으로
생일 축하 해 준 적 있었지?

그래 그것만 생각하렴
아직 네 영혼까지
바스라진 건 아니어서
침묵의 언어로도 충분해

우리가 나누는 감정은
느낌으로 서로 소통하는 것이어서
몸 굽혀 거꾸로 누웠다고
마음 닫힌 건 아니잖아

Love like a heater

Are you sick?

I'm OK

Is it hard?

I'm OK

Really?

I'm OK

Relieve the pain
Love like the heater,
between mom and son.

사루비아

붉디붉은 가슴
속으로 삭이다가

하고 싶은 말 하도 많아

가을바람 불자
드디어
입 열고 고백하다

널 가슴 터지게
사랑하는 것 알지?

세월

세월이 내게 물었다
그와의 만남
바스라지지 않았느냐고

진실한 사랑은
남의 몸
내 몸
자곡자곡
구분 지우는 것이 아니란다

들꽃 피는 집

감자꽃 피는
전라도 지본 마을 참 훌륭해

달빛 비치는 여름밤엔
돗자리 펴서
수정과 한 사발 질펀하게 마시고

서리 내린 초가을엔 홍시 말리고

벌레 꿈틀거려도
여기 그냥 꼭꼭 숨어 살고 싶어

창 사이로 쏙닥쏙닥
눈짓 보내는 달님과
머리카락에서
발끝까지 내통하면서

새벽에 앞 산 암자에서

종鐘 울면

나도 가슴으로 눈 크게 뜨고

뿌리

척박한 세상에
그나마 오래 발붙일 곳이 있어서
얼마나 다행인지
덜컹대지 않고 다 끈질기게 산 탓이다

흠뻑 젖고 싶다

라흐마니노프의 선율

찬바람 이는 저녁
뜨끈한 음식 차려주어
고맙다
참 고맙다

온 세상
뱃속 허기진 이에게
푸짐한 햅쌀
가득 실어 나르는
그대의 엄청난 노고
결코 헛되지 않을 터이니

길거리에 쓰러진 야생초

누가 널 버렸을까

일어나
일어나

아주아주 어렸을 적
내 머리위에
왕관 씌워주던 힘으로
벌떡 일어나야지

나랑 우리 집에 가서 함께 살자

풀 그늘 드리워진 몇 억 짜리
네가 살던 집보다 허술해도
너만 곁에 있으면
내 시가 펄펄 끓어올라

가자가자
나랑 오롯이 손잡고
탱탱하게 우리 집 가서 함께 살자

너도 날 닮아 몸집은 가늘어도
피가 뜨거워
우리 새콤하게 달빛 물든 마루에 앉아
지그시 사랑 시 싹 틔우며 함께 살자

허무하다는 말

참방거리는 물소리 다운받고
빵 덩어리
속이 얼얼하도록 입에 넣어도
두무지 사는 재미없다고요?

오오!
신은 우리에게 황홀한 시간을 주셨는데
읽지 못했군요

아침에 일어나 밥 숟가락
입에 들어가기 전에
사랑한다는 말
빈 공책에 세 번씩만 적어봐

아니면 태어날 때처럼
눈동자 깜빡거리며
두 팔 벌리고 소리 앙 지르던지

지상은 참 할일이 많아
결코 허무할 수 없대요
저 맨살로 춤추는 겨울나무 좀 봐요

서울 별

거기에만 별이 있다고?

여기도 별이 있어

맨발로 광화문 사거리에 가봐

구름자락 사이로
생선가시처럼 박혀 있다가
얼굴 내밀고 식은땀 흘리며
한없이 깜빡 거리더라

그것이
살아있는 그것이
그래도
내 타는 목축이고
밤새껏 서울팔도 다 비추어

무엇이
거기에만 별이 있다고?

동안거冬安居

찾으셨습니까?

나 보고 싶어도 당분간 눈 딱 감고
모르는 척 해 주세요
일 년 열두 달
오물오물 밥만 먹을 수 없어

이 겨울엔
손 때 묻은 시간 꾹꾹 누르고
사람 몸 받고 태어나
목숨 값이나 하고 사는지
몇 달 좀 완벽한 독대獨對 할까 합니다.

민들레 환생

나를 소갈머리 없는 딸이라 부르던
우리 어머니
오늘은 민들레로 피어나
눈짓으로 살랑 살랑 말한다

꼬물거리는 성미
입김 호 불어
윤이 나게 반들반들 닦거라

스산한 마음 찾아오거든
가슴팍에 담아두지 말고
단번에 두발로 걷어 차거라

사람은 흙으로 돌아가면
바람으로, 꽃으로 윤회한다더니

이 천지신명도 흉내 낼 수 없는 사랑

연두 빛 브롯치
— 아들에게

오늘 어버이날이라고 했드냐

저금통 털어 5천원 주고 샀다는
연두 빛 브로치 저고리에 달고
가슴이 사르르 떨린다

네가 이 세상에 나올 때도
온통 연두 빛 아니더냐
봄꽃보다 더 반짝이는
별 같은 눈동자 목을 빼고 바라보며

이명처럼 울리던 세상 소음
단번에 다 날렸었지
아마, 일생에 한번
탁 터지는 축복이었을 거야
나는 그 생명을

신神이 주신 무량한 선물이라 불렀어

아, 그런데 그 조개 같던 생명이
사과나무처럼 쑥쑥 뻗어
두 팔 벌리고 쩌렁쩌렁
모닥불을 붉게 피우다니

정말 빈 백지에
삶은 수채화 한 폭이라고 적어놓고 싶더라

코스모스

가을바람에 귀 열고
갈래 머리 흔들며
소근 소근
그리움 터트리는 것 누가 모를까

초가을 풀밭에 서서
가는 허리
휘청거리는 몸으로
삶에 지쳐 노곤한 사람
가슴 쓸어 주는 것
누가 모를까

그랬지
플라스틱 광주리에 담은
백장미에 현혹해
가녀린 바람개비 네 웃음소리
하마터면 잊을 뻔 했지

식품가게 주변 둘러보느라
오색등 켜놓고
죽순처럼 깨끗하게 사는
널 잊을 뻔 했지

사실 맨 처음 눈길 끈 건 너였는데

사막의 화음

나뭇가지
쐐기풀 하나 없지만
여기에서도
해 뜨는 소리
바람 애무하는 소리

들린다 다 들린다

목 타는 갈증 잠재운
수 천 년 묵상한
고매한 침묵 앞에서
차마 러브스토리 풀어놓을 수 없지만

여기에서면
달다지근한 몇 년짜리 연애

고상한 피타고라스 원리

촌스럽다 다 촌스럽다

스며들기

사랑은 서로
그리움 꽃 피듯 파고드는 것

두 사람
살며시 시 속에 스며들고

두 사람
착한 마음 예금하고

두 사람
조용히 귀 기울여주고

어느 순간
그들의 사랑은 점점 깊어졌다

새록새록 떠올라서

물음

큰 스님은
홀로 있을 때
마음의 눈이 열린대요

아, 그런데
나는 고독을 때우느라

신발이 넷
파라솔, 셋
그리고
전화기가 두 개나 늘었어요

들국화의 연가

고매하게 한 세상
침묵으로 견디려 했는데
가을바람 부니
사방으로 와락 그가 보여
오늘은 촌스럽게
한 장의 엽서 꽃잎 위에 걸어놓았습니다

살면서 이렇게
세상 속으로
가슴 시린 연애편지
태연하게 내미는 것 참 부끄럽지만

우리 사는 세상 별 것 아닌데
달빛 속에 익은
첩첩 골 깊은 그리움
도저히 감당할 수 없어

이 가을엔 당신과의 사랑
청아하게
핏방울 하나까지 꽃 피우기로 했습니다

그리움 썩지 않은
풀벌레 처절한
이곳에 살길 얼마나 잘했는지
햇살 좋은 양지에 앉아
나는 매일 그대에게 말을 거네

그냥 통화하고 싶었습니다

동틀 무렵
함박눈이
목동 아파트를 찾아와
아침밥을 퍼 올리다 견딜 수 없어
수화기를 들었습니다

먹기 위해 산다지만
소름끼치는 새벽의 황홀함
정말 빈말이 아닙니다

해마다 찾아오는 손님이긴 하지만
살면서 미련 없이
살점 떼어 내지 않고
말갛게 중독되는 것은
그것 밖에 없어서
눈을 뜨자마자 수화기를 들었습니다

산

양 손에
쥐어줄 게 없다고
서운해 하지 말게

날 사랑하거든
그냥 계곡 물소리에
근심 걱정 풀어놓고
홀가분하게
발가락에 낀 먼지나 씻게나

화갑 축시

한 세월 돌아
한 세워 돌아
기어이 화갑華甲을 받으셨군요
육십 여년 품었던
연꽃 봉오리
푸른 언어로 출렁이는 건
그대의 법의 샘 때문이었느니

날마다
강단에서, 법당에서
주옥같은 법문 하 많이 피워
천개 만개 꽃망울 터트리더니

그렇다
지혜에 눈뜬 사람은
가슴에 연꽃 한 송이 심어도
온 천지, 허공에 사랑을 일으키느니

이제 은잔에 붉은 포도주 받으소서!
채우고
비우고

홍시와 아버지

붉은 홍시 입에 넣으려다
가슴 아려 그만 떨어뜨렸어요

아버지 계신 곳
붉은 도장 찍힌
우편물 받을 수 있나요?

터지면 어때요

고운 홍시 꼭지 따
맑은 물에 헹궈 보내면
낯익은 반가움에 울컥 할텐데

이승의 외곽 지대
무엇이 멀다고
하루만 홀연히 오셔서
주머니 가득 담고 가시면 될 텐데

아버지 계신 곳
전동차 통과하지 않나요?

옥잠화

네 몸 속에 몇 년이고
머리 박고 살았으면 좋겠다
완벽한 이목구비
까르르 봉선화 꽃씨 같은 웃음소리

가만있자
원래 본성은 나랑 한 뿌리었지
어쩐지 밤공기 싸늘해도
둥지 틀고 앉아
소리 없이 시 한편 쑥쑥 뽑아 올리더니

아파트 사는 나 보다
탄탄하다
확실하다

쉴 새 없이
피고 지고

피고 지고

너의 생의 공식
그것 하나만으로도 뜨끈해

초록 목도리

그는 소리 없이 동행했다
골목골목 꽃잎처럼
돌돌 포개진 채
지칠 줄 모르고 부지런히

보아라 바람아!

모진 한파 옆구리 찔러도
관세음보살 같은
몽글몽글한 귀인 만나

기침소리 밀어 넣고
꽁꽁 언 가슴
금침처럼 펼치고 있는 것을

나무와 풀의 웃음소리

폭포

그리움 얼마나 쌓였으면
바위 절벽 돌부리에
온몸 부딪치며
저리 하얗게 솟구칠까

속 끓이지 마!

손 때 묻은 사랑 뒤흔들다가
몸 낮추어
다시 인연의 바다에서
만나게 될 터이니

쑥 풀 환생

초여름
어머니 무덤에 핀 쑥부쟁이
더 이상 버려져야 할 들풀이 아니다

아무렴 아무렴
이것도 어머니의 혼이다

흙 속에 누웠어도
자식 배앓이 나으라고
인진 쑥 향 피워주는 것이겠지

어릴 적 머리가 아파
어지러워 누우면
어서 먹어라 이것도 보약이다!
뒷산에서 어린 쑥 한 줌 뜯어
쑥 물 끓여
한 사발 내 앞에 내밀던

어머니의 새파란 마음
아직도 진흙 속에
푸릇푸릇 피고 있었구나

아무렴 아무렴
손 놓고 모르는 채 갔어도
고개 들어 살펴주시는 것이겠지

통유리

이제 곧 소원한 관계 풀릴 줄 압니다
입 다문 침묵만으로는
소통되지 않을 것 같아
가슴 열어 오장육부, 실핏줄까지
선명하게 보여 드리겠습니다

눈물, 얼룩까지 드러내 부끄럽지만
원래 사랑은 눈 가리고
창문 뒤에 숨는 게 아니어서
서귀포 앞바다 조약돌 같은, 날 닮은
오종종한 시詩 한 종지까지
그대로 보여 드리겠습니다

인사동 찻집
—가슴이 따뜻한 사람들, 시 낭송회

눈 내리는 11월
인사동 찻집에서
가슴이 너덜너덜 해지도록
시를 읊는다

이곳은 미움도 원망도 없어
오직 뽀얀 노랫가락
다운받을 수 있는
호박잎 냄새나는 비포장도로 세계

오천 원 우거지 된장국
낭만적으로 삼키면서
한 해의 응어리
시 한 줄로 쓱 쓱 문지르면서

천천히 우리는
가장 투명한 곳으로 기어 올라간다

겨울 수선화 3

봐라!
한 겨울 눈 덮인 들판에
화관花冠 두르고 복 터지게 사는 친구
이 세상에 너 말고 누가 있냐고

종로 구경 못해도 네 모습 멋지다

적색 향기에 취해
비틀거릴 리 없고

거울 같은 속
부끄럼 없이 내보여서 좋고

중심 잃은 나그네
지나가다 지쳐 아우성치면

잠시 여기 앉아라 !

하얀 꽃방석 내밀며
노래 부를 수 있어서 좋고

만해 시를 읽으며

마주 닿는
당신의 눈길 응시하다
그만 깊숙이 빠져버렸어요

처음엔 천천히
어제는 살며시
오늘밤은 아찔하게 굴러 떨어져서

그대는 어찌 이토록 내 젊음을
무정하게 당신 손바닥 안에
단 번에 넣어버리는가

그래요
8월 햇살도 증발시키는
그대의 역설의 침묵
여태껏 본 적이 없어
피곤할지언정

당신의 불꽃같은 사랑
기꺼이 받아들이지요

당신은 크고 밝은 영원한 광선

한가위 달

아파트 벽 위로 뜬
추석 한가위 달 보기 싫어

달그림자
고향집 창가처럼
훤히 비추지 않잖아

추석날 둥글게 흰빛으로 오면서

하필 아파트 지붕 위에 걸터앉아
가슴 묵직하게 만드는지

하긴
발소리 죽이고
천지간 어디 안 다닌 곳 없지

남쪽 섬
그 계곡 보이는
감나무 아랫집에도 갔었니?

연두 빛 축포

아버님
오늘 팔순이지요?
글 한 줄 밖에
쓸 줄 모르는 며느리
꽃처럼 사시라고
모란꽃 카드 보냈는데요

모란처럼
묵은 잎 훅 훅 불고
땅 보고 하늘도 보면서
붉은 햇덩이 끌어안고
백수 누릴 수 있지요?

그럼
연두 빛 축포
탕, 터트릴게요

6부
등 푸른 사랑

가슴 설레게 하는 것, 넷

비갠 후의 하늘

달빛

김이 모락모락 피는 가슴

그리고
아직 살지 않은
두 팔 벌리고 서 있는 세상

묵은 인연이 좋다

낡은 옷소매
허옇게 닳아
가위로 싹둑 자르려다
말없이 툭 툭 떨어지는
빛바랜 추억 한 방울

그래
연분홍 새 옷보다 따뜻하고말고!

세상의 바람결에
흠도 티도 다 녹아버린
이 질긴 이승의 인연
네 안에 이런 진한
묵향墨香이 있었다니

다 금침처럼 수놓은 세월 탓이다

자르고
끌어들이고
어디 혼자 가능한 일이냐고

엄마가 된 후 어머니에게

모든 것
내 것이다
움켜쥐지 마시고
손에 쥔 것 하나씩
또르르 굴리세요

한 지붕 아래서
눈 마주보고
잠자는 식구만 가족이냐고요?

그리고
누가
창문 똑똑 열면
구수한 밥 냄새 피어나게
두부 장수 손끝에도

먹을 것
한 주발씩 안겨주시고

팥알
콩알
모두 한 뿌리
한 탯줄에서 나왔대요

겨울 잔디

우아한 녹색 치마 없어
기운 빠진다고요?

외로운 척 해도 난 다 알아

겨울 동안
음습하게 엎어졌다가
봄바람 홀홀 불면
비단머리 머리 풀고 일어나

구절초 같은 미소로
별의 별 사람
불러 모으려는 것 누가 모르나

일광욕하고
물 받아먹고
누릴 것 다 누리면서

나, 고독하다
힘 빠진 척 드러누운 것 난 다 알아

생선 파는 소년
―중동 오만 포구에서

열한 살 네 얼굴
빛이 스며들어
고개 수그릴 필요 없다

우리 외할머니 집 탱자나무도
가시 속에서
다보록하게 흰 꽃 피우더구나

세월은 원래 밥을 먹거나 굶거나
치근대지 않고 바람처럼
슬쩍 지나가는 것

그러니까 쌀 한 바가지 때문에
이른 새벽 선착장에서 보낸
피 끓는 시간
멱살 잡고 학대하지 말거라

이 세상에 나올 때
좌르르 기름기 흐르는
색동옷 걸치고 온 것도 아니잖아

기억해야 할 것

포도는
여름햇살 받아
밭고랑에서 여물고

사랑은
눈물방울 모아
가슴팍에서 익는다

우리가
기억해야 할 건 이것 뿐

어느 휴가

왜 휴가 안 가느냐기에
그냥 웃었지요

참외 한 쪽 쪼개
입에 물고
돗자리에 누워
소월의 시 외우노니

시냇물 소리
가득한
산그늘이
여기에도 있었네

어찌할까?

내 몸에
새파란 별이 뜨니

산길을 걸으라

마음 헤집을 때는
물병 하나 들고 산길을 걸으라

개울물 소리
들꽃 여는 소리
산 까치 나무에서 장난치는 소리

보이는 것
들리는 것
온 사방 다 환생이다

어느 꽃은 피고
어느 꽃은 지고

물은 물대로
풀은 풀대로

한껏 부풀어 제 모습 그대로
뿜어내는 삶 참 멋지다

누비 솜
비단 옷 걸치고
정갈하게
또박 또박
빗질 못하는 것은 인간뿐

부처님 오신 날

삼백육십오일 웃고 살자고

몸가짐 이왕이면
맑은 향기 뿜고 살자고

그대와 은밀한 뜻
불룩하게 불 밝혀 달구자고

어디서나 일치하는 당신

작고 낮은 아름다움,
그 직관의 미학

작고 낮은 아름다움, 그 직관의 미학

이지엽 / 시인 · 경기대학교 교수

1. 작아서 아름다운

문정희 시인의 작품에는 아주 작고 작은 사랑의 메시지가 소담스레 담겨있습니다. 혼자 아파하면서 그리워하는 마음이 그대로 배어나옵니다. 소리는 작지만 작지 않는 울림을 동반하고 있습니다.

보고 싶을 때
목구멍으로 눈물 꿀꺽 삼키고
저릿저릿 아파하다가
오늘 시 그릇에 널 담았다

세월을 콱 깨물어도
좀체 안 떨어져서
통 채로 비우면
다 지워진다는 건 순전히 거짓말

정말로 널 떨어뜨렸다면
찬 겨울날
아궁이에 불 피워 놓고
가슴 뜨끈하게 버틸 수 있겠느냐고

이 어마어마한 중력
— 「그래도 네가 그립다」 전문

    시인은 보고 싶은 것을 "목구멍으로 눈물 꿀꺽 삼키고" 저릿저릿 아파합니다. 말하지 않습니다. 보고 싶다고 얘기하지도 않습니다. 눈물을 혼자 삼키며 견딥니다. 세월을 꽉 깨물어도 좀체 안 떨어지는 사랑은 그래도 지워지지 않습니다.
    시인은 이를 "어마어마한 중력"이라고 말합니다. 그 중력은 그러나 따뜻합니다. 추운 겨울을 아궁이에 불 피워 놓듯 가슴을 뜨끈하게 데워주기 때문입니다. 그래서 시인이 그리고 있는 '너'라는 존재의 실체가 자못 궁금해집니다.
    그것은 일차적으로 사랑하는 누군가일 수 있습니다. 사람이 사람을 사랑하는 일은 지극히 자연스러운 일 중에 하나입니다. 「치매해도 그 여자는 단단하다」, 「민들레 환생」에서는 '어머니'로, 「홍시와 아버지」에서는 아버지로, 「Love like a heater」에서는 아들로 나타납니다.

「괄호」에서는 속으로 꼭 끌어안고 사는 "어딘가 닮은 사람들"로, 「인사동 찻집」에서는 "가슴이 따뜻한 사람들"로 나타납니다.

　그러나 시인이 그리고 있는 대상은 사람만이 아닙니다. 「산 까치」에서는 산 까치이고, 「사루비아」에서는 사루비아이며, 「길거리에 쓰러진 야생초」에는 야생초로, 「부처님 오신 날」에서는 부처로 나타납니다.

　「씨앗」에서는 "공허하다고 뱉어낸 말" 「라흐마니노프의 선율」에서는 뱃속 허기진 이에게 쏟아부어주는 "푸짐한 햅쌀"로 나타납니다.

　다시 말해 시인은 사람과 더불어 만물과 일상을 다 사랑하고 있는 셈이지요. 서로 다른 두 개의 세계가 하나의 세계로 합일되는 것, 다름 아닌 서정시의 가장 중요한 특질인 동일화의 원리를 구현하고 있는 셈입니다. 그러기에 이 세계는 대결보다는 화해를, 응전 보다는 껴안음을 추구하고 있습니다.

　사랑은 서로
　그리움 꽃 피듯 파고드는 것
　두 사람
　살며시 시 속에 스며들고
　두 사람
　착한 마음 예금하고

두 사람
　조용히 귀 기울여주고

　어느 순간
　그들의 사랑은 점점 깊어졌다

　　　　　　　　　　　　　　―「스며들기」 전문

 이 시에서 보이는 것처럼 그것은 서로가 서로에게 "꽃 피듯 파고드는 것"입니다. 그것은 결코 요란하지 않습니다. "살며시" "스며드는" 것입니다. 모나거나 가파르지 않습니다. 순수하고 정결합니다. 소리내어 자신을 말하지도 않습니다. 서로에게 귀를 열어둡니다. 작은 소리까지도 새겨듣습니다. 그렇게 깊어갑니다. 시인은 그것을 사랑이라고 말합니다. 그렇게 되기를 소망합니다.

 그러나 세상은 완악하기 마련이어서 그렇게 서로에게 스며들어 하나 되는 것을 시기하고 질투합니다. 불화의 날카로운 화살이 사방에서 난무합니다. 그러나 시인은 자칫하면 무너지기 쉽고 상처받기 쉬운 영혼을 다스리는 법을 잘 알고 있는 듯합니다.

2. 몸 낮춤의 겸손과 섬세한 서정성

 해답은 의외로 간단한 곳에 있음을 시인은 우리에게

일러줍니다. 불화의 원인을 외부에서 찾는 것이 아니라 우선 내부의 것으로부터 시작합니다. '낮아지고 낮아져라' 시인은 그렇게 나지막이 얘기합니다. 아름다운 시 한 편을 여기 소개합니다.

> 찬바람 이는 저녁
> 뜨끈한 음식 차려주어
> 고맙다
> 참 고맙다
>
> 온 세상
> 뱃속 허기진 이에게
> 푸짐한 햅쌀
> 가득 실어 나르는
> 그대의 엄청난 노고
> 결코 헛되지 않을 터이니
>
> ─「라흐마니노프의 선율」 전문

우리는 "찬바람 이는 저녁"의 세상의 쓸쓸함을 잘 알고 있습니다. 먹을 것이 없고, 쉴 곳이 없는 이에게는 얼마나 고단한 저녁이겠습니까? 마치 백석의 「남신의주유동박시봉방」같은 어둑신한 분위기일 것입니다.

요즈음은 IMF 긴급구제 금융 때보다 경제가 더 어렵다고 합니다. 기업은 줄도산하고 실직자는 넘쳐나고 집을

잃고 떠도는 노숙자들도 많습니다.

이러한 극단적인 경우가 아니더라도 마음에 상처를 받고 아파하는 이들에게는 저무는 햇살은 "더러 나줏손에 쌀랑쌀랑 싸락눈이 와서 문창을 치기도 하는 때"(백석의 시)와도 흡사해서 "화로를 다가끼고 무릎을 꿇어 보는" 간절함이 있기 마련입니다.

시인은 이렇게 마음이 아픈 음산한 저녁에 "뜨끈한 음식 차려주어 고맙다"라고 말합니다. 마치 상처난 마음을 어루만져주는 햇살처럼 말입니다. "푸짐한 햅쌀"은 허기진 이들에게 따뜻한 위안을 될 것입니다.

이처럼 시인의 마음은 낮아져 상처받은 이들의 편에 서있습니다. 음악의 선율 하나에서도 "뜨끈한 음식"의 시적 상상력을 가져오고, 이를 마음 아픈 이들의 입장에서 "고맙다 참 고맙다" 얘기할 수 있는 시인이 아름답게 다가옵니다.

바람 때문에 우니?

구름 때문에 우니?

아, 그렇구나!

빗방울이

잠자는 널 살포시 깨워
고마워서 울지?
　　　　　　　　─「빗물에 젖은 꽃봉오리」 전문

누가 널 버렸을까

일어나
일어나

아주아주 어렸을 적
내 머리위에
왕관 씌워주던 힘으로
벌떡 일어나야지

나랑 우리 집에 가서함께 살자

풀 그늘 드리워진 몇 억 짜리
네가 살던 집보다 허술해도
너만 곁에 있으면
내 시가 펄펄 끓어올라

가자가자
나랑 오롯이 손잡고
탱탱하게 우리 집 가서함께 살자

너도 날 닮아 몸집은 가늘어도

피가 뜨거워
우리 새콤하게 달빛 물든 마루에 앉아
지그시 사랑 시 싹 틔우며 함께 살자
― 「길거리에 쓰러진 야생초」 전문

시인이 보여주는 미세한 마음의 선과 점들은 인용 작품에도 잘 나타나고 있습니다. 시인은 이제 피기 시작한 꽃봉오리의 마음을 충분히 읽어낼 줄 압니다. 아마 비가 그치면 꽃봉오리는 활짝 피어날 것입니다. 후자의 작품에서는 시인이 시를 쓰게 하는 힘이 이러한 미물들의 사랑에서 비롯되고 있음을 알 수 있습니다.

동틀 무렵
함박눈이
목동 아파트를 찾아와
아침밥을 퍼 올리다 견딜 수 없어
수화기를 들었습니다

먹기 위해 산다지만
소름끼치는 새벽의 황홀함
정말 빈말이 아닙니다

해마다 찾아오는 손님이긴 하지만
살면서 미련 없이
살점 떼어 내지 않고

말갛게 중독되는 것은
그것 밖에 없어서
눈을 뜨자마자 수화기를 들었습니다
―「그냥 통화하고 싶었습니다」 전문

시인의 섬세한 서정성이 잘 드러나고 있는 작품입니다. 할 일을 놔두고 새벽의 황홀함을 어쩌지 못해 누군가에게로 전화를 건다는 것은 아무래도 상식 밖의 일이지요.

함박눈이 내린 순수의 새벽이 이를 데 없이 아름답다는 역설적 표현입니다.

그러나 이 표현이 결코 과장되어 보이지는 않습니다. 아마 시인은 수신인이 없이 그냥 수화기를 들었다가 내려 놨을 지도 모릅니다. 그러면서 시인은 함박눈을 "살면서 미련 없이 살점 떼어 내지 않고 말갛게 중독되는 것"이라고 얘기합니다. 함박눈은 다른 눈과는 달리 포근하고 듬뿍한 것이 미련 없이 내려서 일시에 우리의 모든 사고를 말갛게 만들어 주는 존재이니 중독적인 매력이 있다고 볼 수 있습니다. 시인의 섬세한 서정성은 자구 하나에도 이처럼 생생하게 살아 있습니다.

3. 직관의 아름다움

동양시학의 멋은 시적 대상과의 일치입니다. 이를 직관의 시학이라고 하지요. 시인의 작품에는 이러한 직관을 보여주는 작품이 적지 않습니다.

참 이상하지!
너를 보고 오는 날엔
공허하다고 뱉어낸 말
다시 주워 담고 싶어지니 말이야
― 「씨앗」 전문

척박한 세상에
그나마 오래 발붙일 곳이 있어서
얼마나 다행인지
덜컹대지 않고 다 끈질기게 산 탓이다
― 「뿌리」 전문

두 작품에는 시적 대상의 특성이 간명하게 잘 그려져 있습니다. 그러나 이 작품들이 보다 의미를 가지고 있는 것은 단순히 그 특성을 잡아내는 데서 끝나지 않고 그 특성을 시인이 말하고자 하는 주제의식과 연결하고 있다는 점입니다. 이를테면 '씨앗'은 그 자잘한 것이 "뱉어낸 말"과 같다는 것인데 이것은 그 특성을 비유한 표현입니다.

그렇지만 시인의 의도는 함부로 뱉어낸 말의 무절제함을 은연 중 경계하고 있다는 것입니다. 「뿌리」에도 이 점은 잘 나타나 있습니다. '뿌리'의 특성은 "오래 발붙일 곳"과 관련을 맺는데 시인의 의도는 "척박한 세상"에 있기 때문입니다.

그러면서 "덜컹대지 않고" "끈질기게" 살아가라고 얘기합니다. 시적 대상과의 일치도 일치지만 아주 짧은 시행 안에 주제의식까지 선명하게 담아내는 솜씨는 일품입니다.

이제 곧 소원한 관계 풀릴 줄 압니다
입 다문 침묵만으로는
소통되지 않을 것 같아
가슴 열어 오장육부, 실핏줄까지
선명하게 보여 드리겠습니다

눈물, 얼룩까지 드러내 부끄럽지만
원래 사랑은 눈 가리고
창문 뒤에 숨는 게 아니어서
서귀포 앞바다 조약돌 같은, 날 닮은
오종종한 시詩 한 종지까지
그대로 보여 드리겠습니다

―「통유리」전문

이 작품에도 시적대상의 특성이 간명하게 잘 나타납니다. 그러나 시인의 의도는 생각보다 간단한 곳에 있지 않습니다. 시인의 의도는 지금까지 자신이 가지고 왔던 사고를 전복시키고 있기 때문입니다.

시인이 작품으로 보여준 세계는 "혼자 아파하면서 그리워하는 마음"이었으며 "몸 낮춤의 겸손과 섬세한 서정성"의 미학을 간직하고 있기 때문입니다.

그런데 시인은 이 작품에서 "입 다문 침묵만으로는 소통되지 않을 것 같아 가슴 열어 오장육부, 실핏줄까지 선명하게 보여 드리겠"노라고 말하고 있습니다.

이것은 분명 도발적인 선언입니다. 시인의 의식이 이렇게 순식간에 달라진 것일까요. 그러나 시인의 의도는 2연에 있습니다. "서귀포 앞바다 조약돌 같은, 날 닮은 오종종한 시 한 종지"에 시인은 큰 의미를 담고 있습니다. 잘 닳아진 조약돌과 같은 편한 시, 위선적이지 않는 시, 작은 시의 의미를 강조한 것입니다. 그렇다면 이 작품 역시 그렇지 못한 시들이 횡행하는 현실에 대한 경계를 내포한 것이라 읽혀지기도 합니다.

우리는 지금까지 시인이 가지고 있는 시 세계를 살펴보았습니다. 시인은 시인이 간직하고 있는 사랑과 그리움을 통하여 어디에 도달하려고 하려고 하는 것일까요.

그곳은 고상한 곳, 아름다운 곳으로 생각하기 쉬우나 실은 그런 곳과는 아주 다른 곳입니다. "가슴이 너덜너덜해지도록 시를 읊는" 아주 낡은 곳입니다.

이곳은 미움도 원망도 없어
오직 뽀얀 노랫가락
다운받을 수 있는
호박잎 냄새나는 비포장도로 세계

— 「인사동 찻집」 부분

이곳은 호사스러운 곳이 아니라 "오천 원 우거지 된장국 낭만적으로 삼키면서 한 해의 응어리 시 한 줄로 쓱 쓱 문지르는" 소박함이 지배하는 공간입니다. 그러면서 시인의 지향점은 "천천히 우리는 가장 투명한 곳으로 기어 올라간다"고 합니다. 낡고도 투명한 곳은 바로 시인의 문학적 지향점인 셈입니다.

「사막의 화음」에서는 "나뭇가지 쐐기풀 하나 없는" 현실을 그려내지만 시인은 이러한 공간에서도 "해 뜨는 소리 바람 애무하는 소리"를 듣습니다.

그래
연분홍 새 옷보다 따뜻하고말고!

세상의 바람결에
흠도 티도 다 녹아버린
이 질긴 이승의 인연
네 안에 이런 진한
묵향墨香이 있었다니

다 금침처럼 수놓은 세월 탓이다

자르고
끌어들이고
어디 혼자 가능한 일이냐고
—「묵은 인연이 좋다」 전문

그래서 시인은 "연분홍 새 옷"보다는 "세상의 바람결에 흠도 티도 다 녹아버린" "묵은 인연"과 "묵향墨香"에 보다 큰 의미를 둡니다.

"마음 헤집을 때는 물병 하나 들고 산길을 걸으라"(「산길을 걸으라」)고 충고하기도 합니다만 세월은 "원래 밥을 먹거나 굶거나 치근대지 않고 바람처럼 슬쩍 지나가는 것"(「생선 파는 소년」) 이라면서 유연한 품새를 보여주기도 합니다. 아마 시인은 "까르르 봉선화 꽃씨 같은 웃음소리"를 찾아가는 보헤미안인지도 모르겠습니다.

문정희 시인

서귀포 출생.

중앙대학교대학원 국문과(박사과정 수료).

1991년 ≪한국수필≫에 「멋진 그림과 시」와 2002년 ≪시세계≫에 「내가 늙으면」 외 4편의 시가 당선되어 문단에 등단. 펴낸 책으로는 시집 『내가 좋아하는 이름 지금 말할까』, 『우린 마주보며 웃었다』, 『귀연』. 산문집 『바라보는 것만으로도 난 행복하다』, 『누구나 떠나 사는 사람들이련만』 등이 있음.

현재 경기대학교 국문과 겸임교수.

문정희文丁姬의 **사랑**의 **시**

초판 1쇄 인쇄일·2009년 06월 03일
초판 1쇄 발행일·2009년 06월 15일

지은이 | 문정희
펴낸이 | 노정자·정일근
펴낸곳 | 도서출판 고요아침
책임편집 | 김남규

출판등록 2002년 8월 1일 제 1-3094호
120-814 서울시 서대문구 북가좌동 328-2 동화빌라 102호
전화 | 02-302-3194~5
팩스 | 02-302-3198
e-mail | goyoachim@hanmail.net

ISBN 978-89-6039-217-5 (04810)

*책 가격은 뒤표지에 표시되어 있습니다.
*지은이와 협의에 의해 인지는 생략합니다.
*잘못된 책은 교환해 드립니다.

ⓒ 문정희, 2009